DROITS LOCAUX

DE

NAVIGATION

PAR

J.-B. PASTOUREAU-LABESSE, O. ✳ - O. ✳ - ✠

Ingénieur de la Marine en retraite.

SE TROUVE

Chez l'auteur, 17, rue de la Course, à Bordeaux,

Prix : 1 franc.

Envoi franco contre timbres-poste.

DROITS LOCAUX

DE

NAVIGATION

PAR

PASTOUREAU-LABESSE, O. ❋ - O. ❋ - ☩

Ingénieur de la Marine en retraite.

~~~~~~~~~~~

BORDEAUX

IMPRIMERIE ADRIEN BOUSSIN

18 & 20, rue Gouvion, 18 & 20

—

1881

PRÉFACE

La présente publication est le résumé de neuf notes successives, soumises aux Commissions parlementaires chargées d'étudier, de 1876 à 1881, la question de la Marine marchande.

Destinées à la circulation privée, ces notes ont donné lieu à quelques allusions dans diverses séances de la Chambre des députés et notamment dans celle du 2 mars 1879.

Regrettant que les droits locaux de navigation n'aient pas été, de la part de nos représentants, l'objet d'une discussion plus approfondie, je m'adresse aujourd'hui au public général, dans l'espoir que sa puissante influence pourra, mieux que ma faible voix, obtenir l'examen d'un sujet aussi important.

Je fais donc appel aux amis de la marine. Je fais aussi appel aux amis de l'équité. Il n'est pas juste que les navires français soient soumis aux droits locaux de navigation dans les ports étrangers, et que les navires étrangers soient exonérés de ces mêmes droits dans les ports français.

L'établissement du système anglais de droits locaux de navigation serait le complément rationel de la loi du 29 janvier 1881 sur la marine marchande. Conçue

dans un sentiment de bienveillance pour une industrie
en souffrance, cette loi peut être infirmée facilement
par l'adoption de mesures contraires dans les Etats
concurrents. Le système ici proposé n'est susceptible
d'aucunes représailles. C'est sous son égide tutélaire
que la Marine et le Commerce de la Grande-Bretagne
se sont si merveilleusement développés. Quelle meil-
leure preuve pourrait-on donner de son efficacité ?

Bordeaux, 17 avril 1881.

DROITS LOCAUX

DE

NAVIGATION

I. — En France, les ports de commerce sont cons-truits, entretenus et administrés par l'Etat. Toutes leurs dépenses sont payées par le budget. Ils sont livrés gratuitement aux navires, aussi bien aux étran-gers qu'aux nationaux.

Dans la plupart des autres pays, et notamment en Angleterre, les ports de commerce sont construits, entretenus et administrés par les localités. Ces loca-lités n'ayant pas le budget national à leur disposition, doivent nécessairement se récupérer de leurs dépen-ses au moyen d'impôts spéciaux. Ces impôts consti-tuent les *droits locaux de navigation,*

Il y a donc des droits locaux de navigation en Angle-terre, et il n'y en a pas en France ; où du moins il n'en existe que sur quelques points, et dans des pro-portions minimes,

Cette différence dans le régime des ports de com-merce des deux pays, doit nécessairement faire sentir son effet dans l'*affluence* plus ou moins grande des navires étrangers. En Angleterre, ou les droits locaux existent, les navires étrangers doivent se montrer en moins grande proportion qu'en France, où les droits locaux n'existent pas. En conséquence, dans le premier pays, le navire national doit disposer d'une plus grande proportion dans le fret local; et, dans le second pays, le navire national doit disposer d'une proportion moindre.

On s'explique ainsi comment les Anglais font les 67 centièmes de leurs transports maritimes, alors que les Français n'arrivent à faire que les 28 centièmes des leurs. Et cependant les Anglais naviguent plus chèrement que les Français, et, pour ce motif, la prépondérance étrangère devrait être plus forte, dans leurs ports que dans les nôtres. (¹)

Il y a dans tous les pays des saisons où le fret manque et conséquemment où le navire national est forcé de se rendre à l'étranger, à la recherche du fret. Il est clair que, dans le choix à faire, ce navire se décide, toutes choses égales d'ailleurs, pour le port où les droits locaux n'existent pas, de préférence au port où les droits locaux existent.

C'est pour ce motif que les navires norwégiens, suédois, allemands du Nord et autres, dont les ports sont gelés pendant une partie de l'hiver, se rencontrent en si grande proportion dans les ports français. Les mêmes navires sont proportionnellement beaucoup moins nombreux dans les ports anglais.

C'est aussi pour ce motif que les paquebots anglais, allemands et autres, qui partent de leurs ports incomplétement chargés, viennent en si grand nombre dans les nôtres pour compléter leurs chargements. S'ils avaient à payer des droits locaux, ils seraient beaucoup moins nombreux et ne viendraient que pour le besoin.

(1) Les matelots anglais se paient habituellement 87 fr. 50 (70 shillings par mois et les matelots français 60 fr. seulement. Quant aux navires, les droits d'entrée jadis perçus sur eux ayant été abolis en 1866, leur prix est aujourd'hui sensiblement le même dans les deux pays.

Cette trop grande facilité donnée aux étrangers pour venir nous enlever notre fret, a pour conséquence naturelle d'arrêter l'expansion de notre marine marchande. Ce manque d'expansion n'a point pour cause, comme quelques auteurs l'on écrit, l'insuffisance de notre fret. Il est même à remarquer que nous avons, toute proportion gardée, beaucoup plus de fret que nos voisins.

D'après les derniers états publiés par l'administration des douanes (année 1879), nos exportations, par voie de mer, s'élèvent à 2,829 millions de francs et nos importations à 3,888 millions; total 6,787 millions. Notre effectif maritime, d'après les mêmes états, est de 932,853 tonneaux. Divisant le premier nombre par le second, on trouve que, pour chaque tonneau de navires par nous possédés, nous avons à notre disposition pour 7,206 francs de marchandises transportables.

En Angleterre, les exportations s'élèvent annuellement à 7,731 millions, et les importations à 10,180 millions. Total 17,911 millions. L'effectif maritime anglais (colonies non comprises) s'élève de son côté à 6,087,701 tonneaux. Divisant le premier nombre par le second, on trouve que, pour chaque tonneau de navires par eux possédés, nos voisins ont à leur disposition pour 2,942 fr. de marchandises transportables.

Ainsi les armateurs français disposent, pour chaque tonneau de leur effectif, de 7,206 fr. de marchandises transportables, alors que les armateurs anglais, pour chaque tonneau de leur effectif, ne disposent que de 2,942 fr. Nous sommes donc, en chiffres ronds, dans des conditions *deux fois et demi* plus favorables que nos voisins, au point de vue de l'abondance du fret.

Une comparaison analogue, avec les armateurs américains et italiens, conduirait à la même conclusion.

Ce n'est donc pas le fret qui nous manque, comme chacun le répète, sans vérifier. C'est tout simplement que nous laissons les navires étrangers prendre plus que leur part légitime de ce fret, en les attirant, outre mesure, dans nos ports, au moyen de la *gratuité*.

Cette gratuité de nos ports, en troublant le cours naturel du commerce, est bien la véritable cause du manque d'expansion de notre marine marchande. Là est le mal; il n'est point ailleurs. Ce point établi, il est facile de trouver le remède.

Ce remède consisterait à faire payer aux étrangers, dans nos ports, *les mêmes droits locaux de navigation* qu'ils nous font payer dans les leurs, en adoptant leurs propres tarifs, sans augmentation ni diminution d'aucune sorte, et aussi en adoptant leur mode d'application.

Cette solution ne serait pas seulement la plus judicieuse, au point de vue de nos intérêts ; elle serait aussi la plus juste. Il est contraire à l'équité que les armateurs, constructeurs et marins français participent, en leur qualité de contribuables, aux dépenses de nos ports de commerce, et que les étrangers, leurs concurrents, en soient exonérés, alors que les derniers s'en servent beaucoup plus que les premiers.

Ainsi le système français, qui consiste à faire payer par la communauté française toute la dépense des ports de commerce, est à la fois moins juste et moins judicieux que le système anglais, qui consiste à faire payer la dépense *par ceux qui se servent des ports, et par ceux-là seulement.*

II. — De tous les peuples maritimes qui appliquent le système des droits locaux de navigation, les Anglais sont ceux qui l'ont établi de la manière la plus systématique. Chez eux, le principe est absolu ; le gouvernement se décharge absolument et entièrement de la dépense de construction, d'entretien et d'administration des ports de commerce. Toutes les ressources nécessaires à ce service sont fournies par les droits locaux levés sur les navires et les cargaisons.

Ces droits portent le nom général de *local shipping dues* (droits locaux de navigation). On les appelle aussi *petty curtoms* (petites douanes). Ces deux dénominations montrent bien que leur caractère est local, et qu'ils n'ont rien de commun avec les *droits de tonnage* qui étaient perçus jadis par la douane anglaise au profit du Trésor public. Ces droits ont été abolis en 1849, lors du rappel de l'acte de navigation de Cromwell.

Les droits locaux anglais sont perçus en vertu d'actes du Parlement. Des corporations maritimes, des sociétés de capitalistes, ou même de simples particuliers, se sont engagés à exécuter certains travaux déterminés. Pour se récupérer de leurs dépenses, capital, intérêts, frais d'entretien et d'administration, les entrepreneurs ont été autorisés à percevoir, sur les navires appelés à bénéficier de ces travaux, certains droits également déterminés. Dans son approbation, le Parlement se borne à fixer des maxima, en dedans desquels les entrepreneurs peuvent se mouvoir. Les droits ne sont jamais perçus que quand le travail est achevé, et qu'un magistrat, assisté de deux experts, a constaté l'achèvement et la conformité aux plans.

Voici l'énumération des principaux droits locaux

anglais rangés dans l'ordre où sont rendus les services maritimes qu'ils sont appelés à rémunérer.

Le premier service rendu au navire qui arrive dans un port, en outre du pilotage, dont nous n'avons pas à nous occuper ici, est d'éclairer sa route au moment de l'attérissage. Cela se fait au moyen de phares, et quelquefois aussi au moyen de feux, portés par des navires et autres corps flottants. Cela donne lieu à la perception *des Droits de phares et de feux flottants, (Lights dues, floating lights dues).* [1]

Lorsque le port est placé sur une rivière, ce qui est le cas des grands ports de commerce anglais, il est d'usage de distribuer sur cette rivière un certain nombre de bouées de diverses couleurs qui marquent le chenal, c'est-à-dire la route que le navire doit suivre pendant sa marche. Ce nouveau service donne lieu à la perception du *Droit de Bouée (Buoyage.)*

Sur quelques points voisins de la route que le navire doit suivre, il peut se trouver des écueils cachés, Ces écueils sont indiqués par de petites constructions appelées *Balises.* De là résulte le *Droit de Balise (Beaconage).*

Sur d'autres points du chenal, il n'est possible de passer que lorsque la marée montante est arrivée à une certaine hauteur. Ce moment est signalé par un guetteur placé à terre; ce guetteur hisse un pavillon quand il y a assez d'eau sur la passe, et amène ce pavillon quand il n'y a pas une hauteur d'eau suffisante. Pendant la nuit, le pavillon est remplacé par un fanal.

(1) Il est à remarquer que les droits de phares existaient autrefois en France. On les a abolis par décret du 27 vendémiaire, an II. Ils existent encore dans la plupart de nos colonies.

Ce service donne lieu à la perception du *Droit de Pavillon (Flag Duty)*.

Le navire est arrivé dans le port et y occupe une certaine place, pour se livrer à ses opérations. Les Anglais admettent qu'à partir de ce moment il est tenu de contribuer, pour une part proportionnelle, aux frais d'entretien de ce port, et même à son agrandissement. Cela donne lieu à la perception du *Droit de Port (Harbour Due)*.

Le droit de port dépasse en général, par son importance, les autres droits précédemment énumérés. C'est avec ses ressources qu'on exécute, en Angleterre, ces immenses travaux de *dragage* qui frappent d'étonnement le visiteur étranger. A Newcastle, la quantité de vase et de sable extraits de la rivière Tyne, a atteint en vingt-quatre ans le chiffre énorme de 43 millions de tonnes. Glascow qui, il y a cent ans, ne pouvait recevoir que des caboteurs tirant six pieds d'eau, reçoit aujourd'hui, grâce au dragage, des navires tirant vingt-un pieds. Cette ville, dont la population n'était que de 77,000 âmes au commencement du siècle, dépasse aujourd'hui 500,000 âmes; et ce prodigieux développement est attribué à l'approfondissement de la Clyde, qui a permis de mettre en valeur les grandes richesses minérales de la région.

Cette question de l'approfondissement des ports de commerce, ne préoccupe pas suffisamment les administrations maritimes modernes [1]. Il ne s'agit pas seulement de maintenir dans les ports leur ancienne pro-

---

(1) La célèbre Ordonnance de Marine d'août 1881 prescrivait (art. 7) aux juges de l'amirauté de *veiller à ce que les ports et rades soient conservés dans leur profondeur et netteté*. Cette utile prescription est perdue de vue de nos jours à Bordeaux, Nantes, Marseille, etc.

fondeur, ce qui n'est même pas fait. Il est devenu nécessaire d'augmenter cette profondeur, pour leur permettre de recevoir les navires modernes, dont la grandeur va tous les jours croissant. Faute du dragage, plusieurs de nos principaux ports sont menacés de disparaître, comme ont fait avant eux, et pour la même cause, tant de ports célèbres dans l'antiquité.

Indépendamment du droit de port, les navires, en Angleterre, ont à payer un droit de stationnement, qui porte des noms très variés suivant les localités. Ainsi on l'appelle indifféremment *droit d'ancrage*, *droit d'échouage*, *droit de plaçage*, *droit de quille*, *droit de guy*, *droit de hune*, *droit de flèche* (*anchorage*, *groundage*, *layerage*, *keelage*, *boomage*, *topage*, *polage*).

Il arrive quelquefois que des postes particuliers sont disposés dans le port pour l'amarrage des navires sur des bouées flottantes, maintenues par des ancres d'une forme particulière, appelées *corps-morts*. Lorsque les navires se servent de ces installations, on perçoit sur eux le *droit de corps-mort* (*Moorage*).

Lorsque des quais ont été construits dans le port, le navire peut trouver avantageux de s'en approcher pour effectuer ses opérations de chargement et déchargement. Cela donne lieu à la perception du *droit de quai* (*Quayage*) [1].

Quelques postes particuliers des quais anglais sont pourvus d'installations spéciales pour faciliter les chargements et déchargements. On les appelle wharfs. De là résulte le *Droit de wharf* (*Wharfage*).

(1) Le droit de quai anglais diffère essentiellement du droit de quai établi en France à la suite de la dernière guerre (Loi du 30 juin 1872). Ce dernier est un véritable *droit de tonnage*, car il se perçoit sur tous les navires, qu'ils s'approchent ou non du quai. Le droit anglais, au contraire, n'est jamais perçu que quand le navire se range contre le quai.

Le navire, placé le long du quai, s'y attache aux boucles, pieux et vieux canons fixés au sol à cet effet. De là résulte le *Droit de boucle* ou *Droit de pieu* (*Ringage, Postage*).

Des planches sont interposées entre ce navire et la terre pour faciliter les communications. Cela justifie le *Droit de planche* (*Plankage*).

Des grues sont établies sur les quais pour faciliter les chargements et déchargements. Les unes sont mues à bras d'hommes, les autres par des machines à vapeur ou les ingénieux appareils hydrauliques de sir William Armstrong. Ces utiles installations se rencontrent aussi dans quelques-uns de nos ports. Partout elles donnent lieu à la perception du *Droit de grue* (*Cranage*).

Quelques municipalités anglaises prélèvent sur les cargaisons qui se chargent ou se déchargent sur leurs rives, un droit spécial destiné à payer quelques services maritimes au compte de la caisse municipale. Ce droit qui est perçu sur tous les colis, à la sortie comme à l'entrée, porte le nom de *Droit de ville* (*Town due*). On l'appelle aussi *Droit de grève* (*Shore due*).

Lorsque les cargaisons séjournent sur les quais, on fait payer à leur propriétaire une redevance pour l'*occupation du sol* (*Ground Rent*).

Quelquefois des fontaines ou aiguades ont été construites dans les ports pour le service spécial des navires. De là résulte le *Droit de fontaine* (*Water Rate*).

D'autrefois, des cuisines en maçonnerie ont été disposées à terre, et les cuisiniers des navires peuvent y porter leurs marmites et éviter ainsi de faire du feu à bord. Cela donne lieu au *Droit de cuisine* (*Cooking duty*).

Les quais sont éclairés pendant la nuit, pour la plus

grande commodité des équipages. Cela justifie le *Droit de lampe (Lamp due)*.

Des gardiens surveillent les quais, pour la protection de la propriété maritime. Cela donne lieu au *Droit de garde (Watch duty)*.

Les navires ont quelquefois besoin de prendre du lest et, d'autrefois, d'en déposer. Cela justifie le *Droit de lest (Ballast due)*, qu'il ne faut pas confondre avec les frais de manutention du lest.

A l'entrée de quelques ports, on a établi des postes de sauvetage pourvus de bateaux insubmersibles, ceintures de natation, porte-amarres et autres engins. Cela donne lieu au *Droit du bateau de sauvetage (Life boat duty)*.

Enfin les navires ont à payer les *honoraires du capitaine de port (Harbour master's fee)*.

Les divers droits qui viennent d'être décrits ne sont jamais perçus simultanément. On applique tantôt les uns, tantôt les autres, et il y a, sous ce rapport, de grandes anomalies entre les différents ports. Chacun choisit les droits qui peuvent le mieux se justifier par des particularités locales, afin de soulever le moins de réclamations possibles de la part de ceux qui ont à payer le compte. De toute façon, on s'arrange de manière à se procurer les sommes nécessaires pour payer les dépenses du port, construction, entretien et administration.

Il est nécessaire qu'il en soit ainsi, car le budget anglais, comme on l'a dit ci-dessus, ne contribue en rien à ces dépenses. Il se borne à prêter, aux localités qui en font la demande, les capitaux nécessaires pour l'exécution de leurs gros ouvrages. Ces prêts s'effectuent à des taux variables de 3 1/2 à 4 p. 100. L'amor-

tissement est réparti sur une longue période. Le gouvernement est seul juge des convenances du prêt. La
garantie consiste dans le produit des droits locaux,
perçus ou à percevoir par le port emprunteur.

III. — Les droits décrits dans le chapitre précédent,
se rencontrent plus ou moins dans tous les ports
anglais, grands ou petits. Dans les grands ports, les
navires sont soumis à des redevances d'une autre na-
ture, qui correspondent à des services d'un ordre beaucoup plus élevé. Ce sont les *Droits de Dock et d'Entre-
pôt* connus sous le nom général de *Dock Dues*.

Les docks sont des bassins à flot mis en communication avec le port au moment de la haute mer. A ce moment, les navires sont introduits dans cette enceinte,
dont les portes sont ensuite refermées sur eux. Ils y
flottent donc constamment à la même hauteur, quelque
soit l'état de la marée, et cette hauteur est à son maxi-
mum. Ces deux circonstances facilitent beaucoup les
chargements et les déchargements.

Le dock anglais ayant partout la même profondeur,
toute sa surface est utilisable, ce qui permet d'y placer
un grand nombre de bâtiments. Pour la même raison,
on peut y concentrer, à moindre frais, de puissants
moyens pour charger, décharger et mouvoir les cargaisons. Toutes ces conditions sont très favorables à l'économie et à la promptitude des opérations.

Mais ces avantages ne sont pas les seuls que présentent ces utiles créations. Autour de chaque dock anglais,
et *le plus près possible du quai*, il existe un magasin, ou
tout au moins un hangar, destiné à recevoir la marchandise après son déchargement. La grue de quai,
qui prend cette marchandise dans le navire, la dépose

dans le magasin, sans rompre charge et par un simple mouvement de rotation. Cette même grue, si on le désire, dépose la marchandise sur un wagon roulant sur des rails interposés entre le magasin et le bord du quai. Ces rails sont en communication avec le réseau général des chemins de fer anglais.

Habituellement, le dock anglais et le magasin juxtaposé forment un ensemble complet, entouré d'un mur d'enceinte. C'est ce qu'on appelle le *dock fermé*. Ce système a l'avantage de mettre la marchandise à l'abri des voleurs, qui sont si nombreux dans les ports de toutes nations [1]. De plus, les employés des douanes étant placés aux portes de l'enceinte, les droits de douane ne sont payés que lorsque les objets, quittant le dock, sont dirigés vers l'intérieur du pays. Les négociants qui veulent laisser leurs cargaisons dans les magasins des docks en vue d'une exportation ultérieure, n'ont pas à acquitter les droits de douane. Ils n'ont à payer qu'une redevance minime pour la garde, l'entretien et l'assurance de leur propriété. On leur remet un récépissé (*warrant*) qui est transmissible. Grâce à cet ingénieux mécanisme, les docks fermés des Anglais sont de véritables *Ports francs*, situés dans l'enceinte des villes maritimes, et d'où les marchandises peuvent être exportées, avec une franchise complète de droits, un minimum de temps, de formalités et de frais de manutention, vers tous les points du globe.

---

(1) En 1798, lors de l'ouverture des *West India Docks* de Londres, une enquête fut faite sur les vols qui se commettaient pendant les chargements et déchargements sur la Tamise. On lit, dans un rapport de M. Colquhoun, qu'à la date ci-dessus, ces vols s'élevaient à 12,700,000 fr. par an, et que 11,000 personnes y prenaient part. Le commerce de Londres a plus que décuplé depuis cette époque. On peut juger par là des immenses services que les *docks fermés* rendent aujourd'hui au commerce maritime de la Grande-Bretagne.

Cette admirable réunion de tous les progrès techniques et commerciaux, a exercé sur la prospérité de l'Angleterre la plus favorable influence. En France, les docks sont presque tous *ouverts*, et les magasins presque tous *éloignés des quais*. Pour cette double cause, nous ne réalisons qu'une faible partie des avantages que présentent les docks anglais. Nous sommes dans des conditions moins avantageuses que nos voisins, sous le rapport de la sécurité des cargaisons, de la rapidité et de l'économie dans leur manutention. Cela explique pourquoi, malgré leur position moins centrale et conséquemment moins favorable, les négociants anglais l'emportent sur les nôtres, pour l'approvisionnement des marchés d'Europe.

On comprend que, grâce à tous ces avantages, et surtout grâce aux puissantes ressources fournies par les droits locaux, les docks anglais ont dû beaucoup se multiplier. La première construction de ce genre paraît avoir été exécutée à Liverpool, en 1720. Aujourd'hui, ce grand port possède 65 docks présentant un plan d'eau de 170 hectares, et un périmètre de quais de 45 kilomètres.

Cette grande multiplicité des docks, dans une même ville, a conduit à *les spécialiser*, c'est-à-dire à disposer chacun d'eux en vue de la marchandise particulière qu'il est appelé à recevoir. On voit à Liverpool un dock dans lequel on décharge et on conserve le blé. Le magasin de ce dock est placé *sur le bord même du quai*, de manière à être *tangent* au navire en déchargement. Une chaîne à godets descend dans ce navire de l'un des étages du magasin. Quand cette chaîne est en mouvement, le blé se rend automatiquement de la cale au magasin, dans lequel il se déverse en un courant continu, sans autre manutention.

Les élévateurs à blé ont pris naissance aux Etats-Unis. On les rencontre aujourd'hui dans les principaux ports d'Europe. Nonobstant ces nombreux précédents, les négociants de Marseille font encore aujourd'hui décharger leur blé à bras d'hommes, comme leurs ancêtres les Phocéens Et cependant Marseille est le plus important des ports de commerce français.

Pour achever l'énumération des droits locaux de navigation en Angleterre, nous aurions encore à citer quelques redevances particulières qui ne reposent sur aucun service immédiat, et ne se justifient que par des services passés. Ces redevances sont peu importantes et tendent tous les jours à disparaître. Pour cette double cause, nous n'en parlerons ici que pour mémoire [1].

(1) La plus intéressante de ces redevances, parce qu'elle se rapporte à un grand fait historique, est le droit qui était perçu il y a quelques années *en faveur des marchands aventuriers du port de Bristol, pour la recherche des terres inconnues*. Voici, d'après la légende, quelle était l'origine de ce droit.

En 1497, cinq ans après la découverte de l'Amérique, un capitaine Vénitien appelé Sébastien Cabot, se présenta devant le roi d'Angleterre Henri VII, et lui offrit de faire un voyage de découvertes dans l'ouest. Suivant Cabot, le génois Christophe Colomb s'était trompé en faisant route sur le parallèle des Canaries. Pour aller au Cathay il fallait, d'après Cabot, suivre le parallèle de Bristol, et c'est ce qu'il offrait de faire,

Henri VII, très jaloux des Espagnols et de leurs découvertes, accueillit avec empressement le projet de Cabot, mais il ne put lui fournir d'argent. Ce dernier s'adressa alors aux armateurs de Bristol, qui consentirent à faire les frais de l'armement, à condition qu'il leur serait permis de se récupérer au moyen d'un droit local de navigation, ce qui leur fut accordé.

L'expédition partit de Bristol, Cabot découvrit l'Amérique du nord, de Terre-Neuve jusqu'à la Floride. Les Anglais s'établirent dans ces contrées, et ainsi a commencé pour eux le grand mouvement maritime, commercial et colonisateur, dont nous voyons aujourd'hui le spectacle.

Ainsi les droits locaux de navigation, qui rendent aujourd'hui de si grands services à l'Angleterre pour l'amélioration de ses ports, lui en ont rendu jadis de non moins grands pour le développement de son commerce extérieur et de sa colonisation. Telles ont été les conséquences d'un principe fécond, appliqué avec persévérance.

En général les droits locaux anglais sont perçus équitablement, c'est-dire sans favoriser les nationaux comparativement aux étrangers. Il n'en a pas toujours été ainsi. Longtemps après l'abolition des surtaxes de pavillon perçues par la douane anglaise, les corporations maritimes ont continué à percevoir des surtaxes de pavillon, à l'occasion des droits locaux. Quelques traces de cet état de choses se rencontrent encore aujourd'hui dans les tarifs des petits ports. D'ailleurs, ces surtaxes ont habituellement pour caractère de concéder des faveurs au navire de la localité [1], plutôt qu'au navire national. Quelquefois ces faveurs s'opèrent sous forme d'escomptes secrets [2], et dans ce dernier cas, elles donnent lieu à des abus.

(1) Nous avons sous les yeux l'exposé du projet de loi présenté par M. de Bismark au Reichstag, en faveur de la marine allemande. Il est dit dans cet exposé que les anglais protègent leur marine au moyen des faveurs locales.

(2) Comme exemple de ces escomptes, nous citerons ce qui se passe dans les docks de Londres.

Ces docks sont exploités, non par une corporation maritime comme ceux de Liverpool, mais par plusieurs Sociétés de capitalistes qui les ont construits. Avant leur création, toutes les opérations du port s'effectuaient dans la Tamise, par l'intermédiaire des wharfs établis sur ses rives.

Comme on peut bien le penser, une animosité très vive existe entre les propriétaires de wharfs et les propriétaires de docks. Les premiers considèrent les derniers comme des intrus, qui leur ont enlevé leur clientèle. Cette animosité a amené des révélations, dont le *Times* s'est fait l'écho. On sait aujourd'hui, par de nombreux articles de ce journal (numéros des 16 octobre 1877, 8 et 13 juin 1878, etc.), que les compagnies des docks font des escomptes et rabais (*discounts and allowances*) sur leurs tarifs imprimés. Ces escomptes varieraient de 5 à 50 0/0. Ils ne figureraient pas sur les *factures initiales* remises aux consignataires. Ils ne seraient effectués que longtemps après, lors de la remise aux mêmes consignataires des *factures définitives* comprenant tous les navires par eux consignés.

Il résulte de là que les consignataires de Londres ont toute facilité pour tromper leurs correspondants étrangers, et cela avec la *connivence* des administrateurs des docks. Quand aux armateurs de Londres, comme ils sont leurs propres consignataires, ils bénéficient tout naturellement des escomptes que ne reçoivent pas leurs concurrents.

Les faits ici signalés ne s'appuient pas seulement sur l'autorité du journal le *Times*, ils sont corroborés par les rapports mêmes des compagnies propriétaires des docks. On lit dans ces rapports, que pendant un semestre, la compagnie London and Sainte Katharine Docks a fait à elle seule pour 900,000 francs d'escomptes.

Il est à remarquer, à propos de faveurs locales, que nos traités de commerce, par leur réduction équivoque, semblent les autoriser. Voici en effet le texte de l'article 10 du traité du 23 janvier 1860, entre la France et la Grande Bretagne.

Les deux hautes parties contractantes se réservent la faculté d'imposer sur tout article mentionné dans le présent traité, ou sur tout autre article, des droits de débarquement ou d'embarquement affectés à la dépense des établissements nécessaires aux ports d'importation et d'exportation.

Mais en tout ce qui concerne le traitement local, les droits et les frais dans les ports, les bassins, les docks, les rades, les havres et les rivières des deux pays, les privilèges, faveurs ou avantages qui sont ou seront accordés aux bâtiments nationaux sans exception, ou à la marchandise qu'ils exportent ou importent, le seront également aux bâtiments de l'autre pays et à la marchandise qu'ils importent ou exportent.

Il parait résulter du second paragraphe de cet article, que nous n'avons droit, en Angleterre, qu'aux *privilèges, faveurs ou avantages* qui sont ou seront accordés aux bâtiments nationaux, *sans exception*, et par conséquent que nous n'avons pas droit aux faveurs exceptionnelles. C'est un point qui ne devrait pas être perdu de vue, lors de la rédaction des nouveaux traités de commerce.

IV. — Le caractère essentiel des droits locaux de navigation est de croître avec une extrême rapidité. Cela résulte de deux causes : 1° de ce que le mouvement maritime croît presque partout avec le développement de la population et de la richesse publique ; 2° de ce qu'une partie importante des produits est consacrée chaque année à exécuter de nouveaux travaux, qui sont eux-mêmes la source de la justification de nouveaux droits.

Il y a donc, pour les ports anglais, deux causes de développement, agissant d'elles-mêmes et sans relâche.[1] Cela explique très bien leur grande supériorité sur les ports français. Certes, s'il eût fallu les attendre, comme en France, des allocations budgétaires, Liverpool n'aurait pas aujourd'hui 65 docks et 45 kilomètres de quais.

Il est intéressant de rechercher quel peut être pour l'ensemble des ports anglais le produit total annuel des droits locaux de navigation. Cette recherche n'est pas facile à faire ; car s'il est vrai que les principales corporations anglaises publient chaque année l'état de leurs recettes, il n'en est pas ainsi des petites corpo-

---

(1) Voici la progression suivie par le produit des droits locaux de naviga tion à Liverpool depuis deux siècles :

ANNÉES	PRODUITS
1700 .... F.	10,000
1760	83,000
1774	114,000
1784	210,000
1799	351,000
1825	3,217,090
1838	3,657,000
1854	11,750,000
1877	31,183,000

Liverpool est le premier port d'Angleterre faisant face à l'Atlantique. Il possède 65 docks. Bordeaux, le premier port français faisant face à l'Atlantique, n'en possède qu'un inachevé ; et cependant Bordeaux, il y a trois siècles, était déjà une grande place maritime, alors que Liverpool n'était qu'un village de 138 maisons.

(2) Dans la période qui s'est écoulée de 1814 à 1877, notre administration des travaux publics n'a dépensé, en travaux neuf, que 420,345, 855 fr. *pour tous les ports français réunis.* Liverpool, à lui tout seul, a coûté 500,000,000 fr.

rations, et encore moins des particuliers propriétaires de ports. Il est donc nécessaire en cette matière de procéder par approximation.

En 1877, la corporation maritime de Liverpool a perçu .... Fr. 31,433,000

À Londres, la Compagnie London et St Katharine docks a perçu 27,208,000

La Compagnie des East et West India docks ... 45,754,000
La Surrey commercial Docks Cy 8,640,000
La Milwall Dock Cy 5,683,000
Docks de Hull............................... 5,756,000
Clyde Trust (Glascow) 5,270,000
Newcastle 5,124,000
Dublin 2,310,000
Swansea 1,462,000
Leith 1,444,000
Greenock 1,325,000
Southampton 1,285,000
Droits de phare............................. 14,103,000

TOTAL.............L. 126,791,000

Ainsi les dix principaux ports d'Angleterre, addition faite des droits de phare, perçoivent aujourd'hui 126 millions 791,000 fr. de droits locaux de navigation A cette somme il faudrait ajouter les produits des autres ports anglais percevant des droits locaux, lesquels sont au nombre de 541. Sans doute il y a dans ce nombre beaucoup de petits ports dont les produits sont insignifiants. Mais il s'en trouve aussi plusieurs dans lesquels le mouvement maritime est très actif. Tels sont Bristol, Cardiff, Newport, Sunderland, Hartlepool, Shields, Stockton, Douvres, Folkestone, Newhaven, Cork, Limerick, etc., etc.

En évaluant approximativement à 24 millions les produits de ces 541 ports dont nous ne connaissons pas les recettes (ce qui est très modéré), nous arrivons

en chiffres ronds à *cent cinquante millions de francs,*
pour le produit total annuel des droits locaux de navigation anglais. [1]

On remarquera que notre calcul ne comprend que
les ports des Iles Britanniques proprement dites. Il né-
glige tous les ports coloniaux de l'Angleterre, lesquels
sont extrêmement nombreux, et où les tarifs sont beaucoup plus élevés (quintuples environ) de ceux de la
mère-patrie.

En Angleterre, tous les navires sont soumis aux
droits locaux. Ceux qui font de courts voyages ou portent des cargaisons de faible valeur, paient moins cher
par tonneau, que ceux qui font de longs de voyages et
portent de riches cargaisons. De cette manière les
droits sont gradués et faciles à supporter.

Le mouvement maritime des Iles Britanniques, tous
navires comptés, entrées et sorties réunies, s'élève aujourd'hui à 125,252,000 tonneaux. Le produit total des
droits étant, comme on l'a vu ci-dessus, de 150 millions de francs, il en résulte une charge moyenne de
1 fr. 19 par tonneau de mouvement maritime, ce qui
donne environ 0 fr. 60 par tonneau effectif. [1]

A ce compte, le mouvement maritime total des ports
français étant aujourd'hui de 31,089,411 tonneaux, le
produit des droits locaux dans notre pays, avec les
tarifs anglais, serait 31,689,411 × 1 fr. 19, c'est-à-dire

_____

(1) Ce chiffre de 150 millions représente et au-delà l'excédant du budget
de la marine militaire anglaise sur le budget de la marine militaire française. Ainsi les Anglais emploient à fortifier leur flotte de guerre les ressources que nous consacrons à exonérer les navires étrangers.

(2) Le tonneau de mouvement maritime n'est autre que le tonneau de
jauge. Or le tonneau de jauge correspond à une capacité de 2 mètres cu-
bes 83, ce qui donne sensiblement 2 tonneaux effectifs, à raison de 1 mètre
cube 44 par tonneau effectif.

36,996,399, sois en chiffres ronds 37 millions de francs.

Ce chiffre approximatif de 37 millions peut être vérifié par le calcul suivant :

Le principe anglais est de faire payer aux navires qui fréquentent leurs ports, tous les frais que nécessitent la construction, l'entretien et l'administration de ces ports.

Cela posé, on trouve dans le budget de 1878, qu'avant l'adoption du programme de l'honorable M. de Freycinet, les ports maritimes occasionnaient chaque année une dépense de 19,331,000 fr., ainsi répartie :

Salaire des officiers du port..................F.	296,000
Travaux ordinaires.............................	6,100,000
Travaux extraordinaires	6,900,000
Remboursement d'avances........................	6,035,000
Total égal.............F.	19,331,000

A cette dépense de l'année 1878, il faut ajouter l'intérêt et l'amortissement de travaux antérieurs. Ces derniers, de 1814 à 1878, se sont élevés à 420,345,855 fr. Au taux de 4 0/0 cela ferait une charge annuelle de.......................F. **16,813,000** sans compter les travaux antérieurs à 1814, supposés amortis.

Enfin, il faut ajouter à ce qui précède l'intérêt et l'amortissement de la partie exécutée du programme de M. de Freycinet, depuis 1878, soit au moins 50,000,000 fr., lesquels à 4 0/0 donnent.F. **2,000,000**

Total général..........F.	38,144,000

Telle est la somme que nous serions en droit de lever sur les navires qui fréquentent nos ports en leur appliquant le principe de participation en vigueur chez nos voisins. Ce chiffre dépasse un peu celui de 37 millions trouvé ci-dessus, et par conséquent confirme largement ce dernier. Ajoutons que chaque année la somme de 37 millions irait croissant, au fur et à mesure que nous avancerions dans l'exécution du nouveau programme de Travaux publics.

Ainsi donc il est bien établi que les Anglais lèvent aujourd'hui sur les navires qui fréquentent leurs ports, un tribut annuel d'au moins 150 millions. Telle est la mesure de la force avec laquelle ils écartent de ces ports les navires étrangers sans emploi.

Pareillement il est établi que nous abandonnons chaque année, pour la faire payer aux contribuables français, une somme approximative de 37 millions, composée de frais légitimes inhérents à la navigation. Telle est la mesure de la force avec laquelle nous attirons dans nos ports les navires étrangers, auxquels nous abandonnons ainsi bénévolement les 72 centièmes de nos transports maritimes.

V. — Admettons maintenant que les droits locaux de navigation soient établis en France et cherchons quelle seraient, pour notre commerce extérieur, les conséquences du nouveau régime.

En premier lieu, nous ferons remarquer qu'un accroissement de charges de 37 millions répartis sur un commerce extérieur de 6,717 millions, n'élèverait les prix de revient commerciaux que de *cinq millièmes et demi*, ce qui est une proportion insignifiante et incapable d'arrêter une opération quelconque.

Ainsi donc les droits locaux de navigation diffèrent essentiellement des droits de douane. Ces derniers élèvent les prix de revient de 10, 20, et même 30 %. Les droits locaux ne les élèvent que de 1/2 %, et moyennant ce minime accroissement, ils procurent aux chargeurs des ports bien installés, ce qui leur permet de se récupérer et bien au-delà, de la majoration.

En second lieu, il faut considérer que les droits locaux ne s'élèvent en moyenne qu'à 0,60 c. par tonneau effectif. Cela correspond aux frais de transport de ce tonneau sur un parcours de 10 *kilomètres* de chemin de fer, au tarif moyen de 0,06 c. par tonne et par kilomètre. Il n'est donc pas à craindre que les droits locaux produisent des détournements, de port français à port étranger, car les ports étrangers dont nous pouvons redouter la concurrence, sont éloignés de leurs concurrents français de *cinq à six cents kilomètres*. [1]

Ces deux objections écartées, arrivons aux avantages que présenterait pour notre commerce l'adoption du régime anglais de droits locaux de navigation.

En admettant que la recette annuelle de 37 millions fût affectée tout entière à l'amélioration de nos ports, nous pourrions avec cette ressource et au taux actuel de la rente, nous procurer un capital de **940** millions, en servir l'intérêt et l'amortissement.

Ce capital est plus que double de celui (403 millions) qui est aujourd'hui jugé nécessaire par l'administration des Travaux publics, pour l'achèvement de nos ports

---

(1) Nous répondrons ici à l'objection qui a été faite par un honorable négociant du Havre, préoccupé de la concurrence d'Anvers. Ce dernier port est très prospère, et sa prospérité résulte, pour une large part, de la supériorité de ses installations. Ces installations sont elles-mêmes la conséquence des droits locaux de navigation qui existent à Anvers, où nous les avons nous-mêmes établis lors de notre occupation (loi du 24 ventôse, an XI). Quant au passage des cotons de Mulhouse par la voie d'Anvers, de préférence à celle du Havre, il résulte de ce que, par suite d'un plus grand rapprochement, il n'en coûte que 33 fr. 75 pour transporter une tonne d'Anvers à Mulhouse, alors qu'il en coûte 59 fr. pour la transporter du Havre à Mulhouse. Les droits locaux n'ont rien à faire dans la situation ; et, nous le répétons, ces droits existent à Anvers.

de commerce. Avec une pareille marge, on serait à l'abri de tout mécompte dans l'évaluation du devis. De plus, on pourrait, aux travaux prévus, ajouter l'outillage des ports, qui n'a pas été compris dans le programme ministériel.

Avec cette combinaison, les travaux pourraient être commencés immédiatement dans tous les ports et poursuivis sans interruption jusqu'à complet achèvement. On n'aurait point à se régler, chaque année, sur les ressources budgétaires. Ces ressources, aujourd'hui abondantes, peuvent ne pas l'être demain, et il est toujours imprudent d'engager l'avenir.

Enfin, on n'aurait pas à établir entre les différents ports un ordre de préférence, difficile, ou même impossible à régler équitablement. Chacun d'eux aurait sa part et cette part serait réglée, non sur l'arbitraire, mais comme en Angleterre, sur l'importance de ses recettes propres. [1] De plus, cette part, dont les étrangers feraient presque tous les frais, irait en croissant chaque année avec le développement des produits, conséquence de l'exécution de nouveaux travaux.

Je n'ai pas besoin de développer ici tous les avantages que présenterait, pour notre commerce maritime, l'amélioration de nos ports, au triple point de vue de l'exécution des ouvrages, de l'approfondissement, et de

---

(1) Dans cet ordre d'idées, la somme de 940 millions serait distribuée approximativement ainsi qu'il suit :

Marseille aurait...................	200	millions.
Le Hâvre —	125	—
Bordeaux —	82	—
Dunkerque —	50	—

et ainsi des autres, jusqu'au plus petit port. Aux personnes qui pourraient trouver nos chiffres exagérés, nous rappellerons que Liverpool, de création toute moderne, a déjà coûté 500 millions et chaque jour on y entreprend de nouveaux travaux. Or Liverpool, quelque grand qu'il soit, n'a que le double du mouvement maritime de Marseille, le triple de celui du Hâvre et le quadruple de celui de Bordeaux.

la création d'un meilleur outillage, pour charger, décharger, mouvoir ou loger les cargaisons. L'histoire de Londres, Liverpool, Glascow, Anvers, le démontre surabondamment. Tous ces ports perçoivent les droits locaux de navigation. Tous sont extrêmement prospères et les plus prospères sont précisément ceux où, les droits donnant les plus grands produits, les installations qu'ils permettent d'exécuter ont pu être rendues plus parfaites. On peut admettre en chiffres ronds que les cargaisons sont manutentionnées deux fois moins chèrement et trois fois plus vite, dans les grands ports anglais que dans les nôtres.

Mais l'avantage capital du nouveau régime serait d'écarter de nos ports, dans une mesure légitime, les navires étrangers sans emploi qui les encombrent aujourd'hui. Il ne s'agit pas, bien entendu, d'empêcher ces navires de venir chez nous. Il s'agit uniquement de ne pas les payer pour venir. Or, c'est ce que nous faisons quand nous les exonérons aux frais du Trésor public, et en nous endettant, des dépenses ordinaires de la navigation. Cet écartement opéré, le commerce maritime reprendrait son cours naturel, aujourd'hui troublé, et le navire national sa part légitime dans les transports internationaux.

Cette substitution du navire national au navire étranger pour le transport des produits qui partent de nos ports, indépendamment de son intérêt politique, présenterait pour notre commerce extérieur des avantages manifestes. Des marchandises françaises, transportées sur des navires allemands, italiens ou anglais, ne sauraient y être l'objet de la même sollicitude que lorsqu'elles sont transportées sur des navires français. On parle beaucoup de fraudes et d'altérations de marques. Admettons que ces bruits soient exagérés, il n'en est pas moins certain qu'un capitaine et des marins français connaîtront mieux et feront mieux valoir les produits de leur pays que des capitaines ou matelots étrangers, c'est-à-dire indifférents ou hostiles.

Ce n'est pas tout. Les capitaines et les marins français, quand ils visitent les ports étrangers, y ouvrent des *relations personnelles*; quelquefois même ils y contractent des alliances et y fondent des établissements. Il est donc d'une extrême importance pour le commerce national de développer la marine nationale, son véhicule naturel.

Il y a six ans, le gouvernement français a chargé une commission de rechercher les causes pour lesquelles notre commerce extérieur était impuissant à pénétrer dans les contrées lointaines. Nous ne connaissons pas la réponse qui a été faite à une pareille question, posée d'une manière aussi ouverte. Quand au fait en lui même, on se fera une idée de l'étendue du mal, par l'examen des deux tableaux ci-après.

Le premier tableau donne le tonnage et la nationalité des navires qui ont fréquenté le port de New-York pendant l'année 1879 :

NATIONALITÉS	TONNAGE
Anglais	5,861,000
Américains	2,400,000
Allemands	1,2000,00
Norwégiens..............	1,004,000
Italiens.................	497,000
Autrichiens..............	297,000
Français	234,000
Divers...................	584,000
TOTAL.....	12,077,000

Le second tableau donne le nombre et la nationalité des maisons de commerce étrangères établies en Chine :

NATIONALITÉS	NOMBRE
Anglaises...............	220
Allemandes.............	49
Américaines............	35
Russes..................	17
Françaises..............	9
Japonaises.............	9
Danoises...............	2
TOTAL.....	341

On voit par ces deux exemples, choisis l'un dans l'Ouest, l'autre dans l'Est de l'Europe, quelle misérable situation nous occupons aujourd'hui dans les contrées lointaines les plus populeuses. Non-seulement nous sommes distancés par les Anglais et les Américains, mais nous le sommes même par les Allemands, les Norwégiens, les Italiens, les Russes et les Autrichiens. Cet état de choses, humiliant pour nous, résulte de la disparition à peu près complète de notre pavillon dans ces parages, et cette disparition a elle-même pour cause l'abandon que nous avons fait de notre frêt aux étrangers en les attirant, outre mesure, dans nos ports au moyen de a *gratuité*.

Ainsi le moyen le plus certain, le plus prompt et le plus efficace, de réveiller dans notre pays le goût des entreprises lointaines, qui a si longtemps distingué notre race, c'est de restituer à notre marine marchande sa part légitime dans le frêt qui se produit dans nos ports. Nous rétablirons ainsi le cours naturel du commerce, que nous avons si imprudemment troublé, au double préjudice de notre expansion maritime et de notre expansion commerciale. C'est parce que les étrangers, avec leurs droits locaux, ont su conserver leur part, et même plus que leur part, du fret qui se produit chez eux, que leur marine, leur commerce et leur colonisation ont pris ce grand développement que nous constatons aujourd'hui.

Répétons donc ici, avec les plus grands hommes d'Etat de l'Angleterre, le principe trop oublié chez nous : *Le commerce suit le pavillon.* (*Trade follows the flag*).

Bordeaux. — Imprimerie Adrien BOUSSIN, rue Gouvion, 20.